DOCUMENTS

INÉDITS OU PEU CONNUS

SUR

MONTAIGNE,

RECUEILLIS ET PUBLIÉS

PAR LE Dʳ J.-F. PAYEN.

PARIS,
J. TECHENER, PLACE DU LOUVRE, 12.
1847

DOCUMENTS

INÉDITS OU PEU CONNUS

SUR

MONTAIGNE.

IMPRIMERIE DE GUIRAUDET ET JOUAUST,
rue Saint-Honoré, 315.

Tiré du Cabinet du D.r J.F.Payan.

L. Hamon lith.   Imp Lemercier

DOCUMENTS
INÉDITS OU PEU CONNUS
SUR
MONTAIGNE

RECUEILLIS ET PUBLIÉS

PAR MM. PH. ET A. TAMIZEY DE LARROQUE

DOCUMENTS

INÉDITS OU PEU CONNUS

SUR

MONTAIGNE,

RECUEILLIS ET PUBLIÉS

PAR LE Dr J.-F. PAYEN.

PARIS,
J. TECHENER, PLACE DU LOUVRE, 12.
—
1847

DOCUMENTS

INÉDITS OU PEU CONNUS

SUR

MONTAIGNE.

Lorsque tout récemment M. Macé a fait connaître une lettre de Michel Montaigne qu'il venait de découvrir, nous avons cru devoir intervenir pour contester quelques allégations dont cette pièce avait été l'objet, et nous avons confié nos observations au *Bulletin du Bibliophile* (1). Il nous a paru ensuite qu'il y aurait avantage à publier isolément notre article, afin de donner une plus grande publicité à la lettre nouvellement connue du philosophe périgourdin; et l'idée nous est venue de profiter de cette occasion pour faire paraître quelques pièces non encore imprimées, ou insérées seulement dans des recueils qui ne se trouvent pas dans le plus grand nombre des bibliothèques, et il nous semble qu'elles doivent être dorénavant comprises dans les éditions des œuvres de Montaigne.

Nous n'avons cependant point entrepris de donner un *supplément* aux éditions de Montaigne; notre but unique a été de grouper autour de l'admirable lettre qui vient d'être découverte quel-

(1) Octobre 1846.

ques pièces analogues, afin de donner à notre frêle publication un peu plus de consistance, de lui assurer, s'il est possible, quelques jours de plus d'existence, et de retarder le moment où elle ira

> . . . . . . Où vont toutes choses,
> Où vont les feuilles de roses
> Et les feuilles de laurier.

Forcé de nous restreindre, nous nous sommes borné à réunir les renseignements qui, par leur nature, se dérobaient plus aisément aux recherches.

C'est par ce motif que nous avons rejeté les *Avis donnés par Catherine de Médicis à Charles IX*, quoique nous ayons eu d'abord l'intention de les admettre, puisque, rédigés par Montaigne, ils doivent, suivant nous, être réunis à ses œuvres (1).

Pour justifier le titre d'INÉDITS, que nous avons donné à quelques-uns de nos documents, nous avons joint à cette publication une lettre qui jusqu'ici n'a pas été imprimée, un fac-simile qui n'avait point encore paru, une liste de quelques ouvrages qui ont fait partie de la bibliothèque de Montaigne, un portrait copié sur un tableau original que nous possédons (2), et nous

---

(1) Ces AVIS n'ont encore été publiés, à notre connaissance, que dans la *Galerie philosophique du XVIe siècle* par de Mayer, tom. II, et dans les notes de l'*Éloge de Montaigne* par Jay.

(2) Ce tableau est du temps de Montaigne; il est peint sur bois, et son exécution n'est pas sans mérite. Son authenticité ne saurait être mise en doute, car il offre une ressemblance frappante avec celui qui est placé en tête du Voyage in-4º, et des renseignements certains nous ont appris que ce dernier, gravé par Saint-Aubin, avait été copié sur un portrait à l'huile que Montaigne avait fait faire lui-même, et qu'il avait rapporté d'Italie. Du reste, les portraits peints de Montaigne sont rares : le Musée royal n'en possède pas; celui de Versailles n'en a qu'un seul, qui représente Montaigne eune, avant qu'il fût décoré, et dont l'aspect ne rappelle pas l'auteur des *Essais* tel que la gravure nous l'a fait connaître.

La lithographie que nous joignons à cet opuscule est due au crayon de M. L. Hamon, jeune peintre qui donne de belles espérances. L'artiste a su transporter dans son dessin les traits de caractère de son modèle, et cette planche donne la représentation exacte de l'original.

Mentionnons ici deux circonstances qui ont trait au sujet qui nous occupe,

y avons ajouté les armes du gentilhomme, qui n'ont jamais été dessinées d'une manière exacte (1) et conforme aux règles du blason.

Nous espérons que cette petite collection offrira quelque intérêt aux bibliophiles; nous ne nous abusons pas cependant sur son importance, et cette publication ne nous fera point oublier l'obligation que nous nous sommes imposée de donner le résultat de nos recherches bio-bibliographiques sur Montaigne, dès que nous les aurons coordonnées de manière à pouvoir les offrir avec quelque sécurité aux hommes de goût.

Malheureusement des occupations, qui sont d'impérieux devoirs, nous permettent trop rarement de demander à la littérature

---

et qui ne sont probablement pas connues. Nous avons cité, dans la *Notice bibliographique*, le quatrain qui se trouve au bas du portrait de Montaigne gravé par Thomas de Leu :

> Voici du grand Montaigne une entière figure.
> Le peintre a peint le corps, et lui son bel esprit :
> Le premier, par son art, égale la nature ;
> Mais l'autre la surpasse en tout ce qu'il écrit.

Une note manuscrite de Jamet nous autorise à penser que ces vers sont de MALHERBE ; du moins le célèbre philologue parle du *quatrain que Malherbe a ajouté au portrait de Montaigne*, et nous ne connaissons que celui de Thomas de Leu qui porte cette addition. — M. Vignères nous a procuré dernièrement un portrait gravé et exactement copié sur celui-là même de Thomas de Leu, mais dirigé de l'autre côté. Le personnage est également revêtu de la robe de maire de Bordeaux mi-partie blanche et mi-partie rouge. C'est, en un mot, la reproduction fidèle du portrait de Montaigne gravé par Thomas de Leu ; cependant celui-là est signé L. Gaultier, et il porte au bas le nom de OLIVIER DE LAVNAY, Sʳ DE GVERNGELIN, *chevalier de l'ordre de Saint-Michel, conseiller, surintendant et contrerolleur général de l'hostel Madame Éléonor d'Austriche, royne de France !* C'est une énigme dont nous n'avons pas trouvé le mot.

(1) L'édition de 1635 in-folio, bien que donnée par Marie de Gournay, porte, au bas et à droite du frontispice gravé, des armes qui n'ont aucun rapport avec celles de Montaigne. Dans le supplément donné in-4º à Londres en 1740 ou 1741, on a représenté, très imparfaitement encore, les armes du philosophe, et nous ne pensons pas qu'elles aient été données ailleurs. Rappelons ici que, par son testament, Montaigne avait permis à Pierre Charron, son ami, de porter les armes de sa famille.

le repos des préoccupations scientifiques. *Deus nobis non otia fecit*, nous n'avons pas encore connu ces doux loisirs que nous aurions eu tant de bonheur à consacrer au profond penseur qui a occupé une si grande place dans notre vie intellectuelle, et nous osons à peine espérer aujourd'hui que le Ciel nous les accorde !

Dr J.-F. PAYEN.

Décembre 1846.

§ 1ᵉʳ.

LETTRES DE MONTAIGNE.

1° **LETTRES INÉDITES.**

I.

M. Antonin Macé vient de publier, dans le *Journal de l'instruction publique* (mercredi 4 novembre), une lettre de Montaigne, qu'il a découverte dans la collection Dupuy, à la bibliothèque royale (tom. LXI, f° 102).

Nous nous empressons de mettre cette intéressante missive sous les yeux des admirateurs, et nous dirions volontiers des détracteurs de Montaigne.

Diverses circonstances, et en particulier la nature des pièces qui composent le volume où se trouve celle-là, autorisent à penser que la lettre est adressée à Henri IV. Il paraît que ce prince avait engagé Montaigne à venir le joindre et à accepter quelque charge à la cour ; mais, connaissant la modicité de la fortune du philosophe, il lui avait probablement donné à entendre qu'il suppléerait à l'insuffisance de ses ressources personnelles.

Montaigne répondait :

« Sire,

» celle quil a pleu à vostre majesté mescrire du vintiesme de juillet ne ma este rendue que ce matin, et ma trouué engagé en vne fiebure tierce tres violente, populaire en ce pais despuis le mois passé. Sire, je prens a très grand honneur de reccuoir vos commandemens et nay poinct failly descrire a monsieur le mareschal de matignon trois fois bien expressement la déliberation et obligation enquoy jestois de laler trouuer, et jusques a luy merquer la route que je prendrois pour laler joindre en seureté sil le trouvoit bon. a quoy nayant heu aucune responce jestime quil a considéré pour moy la longueur et hazard des chemins. Sire, vostre majesté me fera sil luy plaist ceste grâce de croyre que je ne plaindray jamais ma bource aus occasions ausquelles je ne voudrois espargner ma vie. je nay jamais receu bien quelconque de la libéralité des rois non plus que demandé ny merité, et nay receu nul payement des pas que jay employés à leur seruice desquels vostre majesté a heu en partie cognoissance. ce que jay faict pour ses prédesseseurs je le feray encores beaucoup plus volontiers pour elle. je suis Sire aussy riche que je me souhaite. quand jauray espuisé ma bource auprès de vostre majesté a paris, je prendray la hardiesse de le luy dire, et lors sy elle mestime digne de me tenir plus long temps a sa suitte, elle en aura meilleur marché que du moindre de ses officiers.

» Sire

» je suplie dieu pour vostre prosperité et santé,

» Vostre très hūble et très obeissa servitur et subiet

ˣ Mōtaigne (1).

de montaigne,
ce second de septembre.

M. Macé fait suivre la transcription de cette lettre de réflexions destinées à établir qu'elle est *authentique, autographe, inédite*, et qu'elle a été écrite en 1590.

(1) Cette copie présente d'assez nombreuses différences avec celle qu'a donnée M. Macé; mais nous garantissons l'exactitude de la nôtre.
Nous ferons remarquer que la lettre est sans alinéa, qu'elle n'offre de lettres majuscules qu'au mot *Sire*, et qu'elle ne présente pas de traces de ponctuation. Nous l'avons ponctuée pour en faciliter la lecture.

L'authenticité de la lettre ne saurait être un instant douteuse : sa souscription, la collection dans laquelle elle se trouve, la mention qu'elle fait du maréchal de Matignon, la date qu'elle donne de la lettre du roi, et qui coïncide avec celle (publiée par M. Berger de Xivrey) que le même prince adressait probablement en même temps à ce maréchal (1), tout le prouve.

D'ailleurs, on n'invente pas de ces lettres-là, et il y avoit certainement à la cour peu d'hommes qui eussent position et caractère pour écrire en ces termes au roi de France.

On voit que nous ne mentionnons pas l'écriture de la lettre au nombre des considérations qui nous ont démontré son authenticité ; c'est qu'en effet nous différons ici tout à fait d'opinion avec M. Macé, et, malgré son avis et celui de *plusieurs savants paléographes* qu'il a consultés, nous déclarons que le corps de la lettre n'est pas de la main de Montaigne, et qu'il n'y a de lui que la souscription et la signature.

Du reste, M. Macé confesse qu'il n'a point comparé la lettre qu'il a découverte avec les autographes de Montaigne, *parce que la bibliothèque royale n'en possède pas d'autres de ce philosophe.* Nous, qui avons aujourd'hui vu plus de vingt signatures et cinq lettres de Montaigne, nous nous croyons en droit de formuler un jugement ; et, s'il était contesté, nous trouverions dans chacun des mots de la pièce en question des raisons qui ne laisseraient subsister aucun doute.

Pour le moment, il nous suffira de faire remarquer que, par suite de ses sentiments chrétiens, Montaigne, comme plus tard Racine, Mme de Maintenon et d'autres, comme aujourd'hui encore les religieux de profession, figurait une croix au haut de toutes les missives qu'*il écrivait lui-même ;* cette croix ne se trouve pas sur la lettre en question. L'aspect général du manuscrit suffirait d'ailleurs à lui seul. Chez Montaigne, l'écriture est allongée, penchée, et se compose, autant que pos-

---

(1) *Lettres missives de Henri IV*, tom. III, p. 219, dans la *Collection de Documents inédits sur l'Histoire de France.*

sible, de lignes droites ; dans la lettre nouvelle, l'écriture est ronde, verticale, et on remarque une tendance générale aux liaisons et aux inflexions des queues de lettres. Montaigne ne manque presque jamais de figurer une majuscule au commencement de chaque phrase ; ici, il n'y en a pas une seule dans ce cas. Il met constamment deux P au mot *supplie* ; ici, il n'y en a qu'un. Notre philosophe, qui signait *Mötaigne*, et qui a signé ainsi la lettre découverte par M. Macé, quoique ce dernier ne le dise pas, écrivait le nom de son château de la même manière ; ici, au contraire, le château est écrit *Montaigne*. Enfin, l'auteur des *Essais* semblait, en écrivant, toujours pressé de finir, et il se permettait un grand nombre d'abréviations ; la lettre nouvelle n'en présente pas une seule, et l'écrivain semble se complaire à ce qu'on pourrait appeler des *lusus calami*. Et qu'on ne dise pas que Montaigne a modifié sa manière parce qu'il écrivait au roi, puisque, dans les deux lignes qui sont bien de lui, il y a trois abréviations, sans compter celle de son nom.

Il est donc de toute évidence que le corps de la lettre n'est pas autographe de Montaigne ; cette écriture semblerait presque une écriture de femme : Mme de Montaigne aurait-elle été le secrétaire de son mari ?

Nous admettons sans difficulté la date de 1590, proposée par M. Macé, et nous la trouvons très probable ; mais nous ne croyons pas que le titre de roi, pris par Henri IV, puisse être invoqué, comme le fait M. Macé en disant que la lettre doit être, par cela même, postérieure à l'assassinat de Henri III, qui eut lieu en 1589, puisque, avant d'être roi de France, Henri était roi de Navarre ; et nous voyons qu'il est ainsi qualifié dans une remontrance que lui adresse Montaigne en 1583, comme maire et au nom de la ville de Bordeaux.

Quant à l'*inédition* de la lettre, elle est certaine ; la trace en était complétement perdue. Nous ne pensons pas qu'elle ait jamais été imprimée ; les conservateurs de la Bibliothèque n'en soupçonnaient pas l'existence, et les catalogues, même ceux de la collection Dupuy, n'en font aucune mention. Le mérite de la découverte est donc tout entier à M. Macé, et la lettre est si belle, si noble, si digne, que nous osons dire qu'en la faisant connaître, il n'a pas seulement rendu service à la littérature, mais qu'il a aussi servi la mémoire de Montaigne.

Après avoir rendu justice à M. Macé, il nous permettra de lui adresser quelques réflexions au sujet de son commentaire.

M. Macé dit qu'il était naturel que Henri IV cherchât à se rallier un homme tel que Montaigne, et il semble admettre que les rapports intimes entre ces deux personnages n'ont commencé que vers cette époque. Mais notre philosophe depuis long-temps était au mieux avec Henri IV : le Béarnais, n'étant encore que roi de Navarre, était plusieurs fois venu au château de Montaigne, et on montre encore la chambre qu'il a habitée. Enfin, Montaigne, maire de Bordeaux pendant quatre années, avait été fréquemment en contact avec Henri, *lieutenant-général du roi au pays et duché de Guyenne.*

Ailleurs, M. Macé dit que De Thou nous représente Montaigne, aux états de Blois, *louvoyant entre les partis, prévoyant déjà que Henri de Navarre reviendrait au catholicisme, se liant avec lui, sans se brouiller cependant avec le duc de Guise.* De Thou ne dit rien de semblable; De Thou, ami et admirateur de Montaigne, a dit de lui : « Homme franc, ennemi de toute contrainte (1). »

Comment M. Macé a-t-il pu tracer ces lignes en présence de la lettre qu'il a si heureusement découverte! Comment a-t-il pu faire jouer un si indigne rôle à l'ami de Pasquier et de l'Hôpital, à l'homme que le duc de Guise avait choisi pour médiateur entre lui et le roi de Navarre, à celui qui disait de lui-même : « En ce peu que j'ay eu à négocier entre nos princes j'ai curieusement évité qu'ils se méprinssent en moy et s'enferrassent en mon masque. » Et ailleurs : « Je reviendrois vo-

---

(1) Mémoires, 1581.

lontiers de l'autre monde pour desmentir celui qui me formeroit autre que je n'estois, feust-ce pour m'honorer ! »

M. Macé, qui a lu les lettres imprimées de Montaigne, aurait pu se souvenir que notre philosophe, en adressant au CHANCELIER DE FRANCE les vers latins de La Boétie, lui écrivait : « Ce léger présent servira à vous tesmoigner l'honneur et révérence que je porte à votre suffisance et qualitez singulières qui sont en vous : *car, quant aux estrangères et fortuites* (les titres, les dignités), *ce n'est pas de mon goust de les mettre en ligne de compte.* »

Et pourquoi Montaigne aurait-il commis cette lâcheté ? Était-ce pour se mêler aux intrigues des courtisans ? De Thou nous dit qu'il n'était entré dans aucune cabale. Était-ce pour obtenir des honneurs ? Il les a fuis en désertant la cour de Henri III. Il a fallu un ordre du roi pour qu'il acceptât cette mairie de Bordeaux, qu'il avait d'abord refusée ! Etait-ce pour conquérir la fortune ? Mais nous venons de lui entendre dire, *grâce à M. Macé* : « Je suis, Sire, aussi riche que je me souhaite ! »

J'aurais bien encore quelques observations de détail à adresser à M. Macé. Ainsi il dit que la Vie de Montaigne par le président Bouhier a été publiée à Londres, mais elle avait été antérieurement imprimée deux fois à Paris. Il dit qu'on ne connaissait que dix lettres de Montaigne : celle qu'il a publiée est la quatorzième dont j'ai connaissance. Il dit que dans ces lettres Montaigne *s'occupe beaucoup des guerres de religion :* nous n'y avions jusqu'à présent rien trouvé de semblable. Il parle de *Mémoires* de Montaigne publiés par M. Champollion ; mais les DOCUMENTS HISTORIQUES ne contiennent qu'une seule pièce, de peu d'étendue : c'est une remontrance, au nom de la jurade de Bordeaux, pour obtenir du roi de Navarre la liberté de navigation sur la Garonne, et nous n'en connaissons pas d'autre (1).

---

(1) Cette pièce a une sorte d'à-propos aujourd'hui que la liberté du commerce préoccupe tant les esprits. Nous la donnons plus loin.

Puisque M. Macé avait l'occasion de s'occuper de cette collection, nous aurions voulu qu'il relevât les erreurs singulières qui se sont glissées dans la publication officielle.

Ainsi, cette lettre adressée par Henri III à Montaigne pour l'engager à accepter la mairie de Bordeaux, présentée comme *inédite* (en 1843), avait été, cinq ans auparavant (1838), donnée par Buchon dans un article inséré dans le Panthéon littéraire, sous le titre de : *Bibliothèques publiques et archives des Basses-Pyrénées*.

Il en est de même pour la plus importante des deux lettres de Montaigne qui suivent celle-là : publiée en 1843 par M. Champollion dans ses Documents INÉDITS, elle avait été antérieurement, et pour la première fois, je pense, publiée par M. G. Brunet dans le *Bulletin du bibliophile* (juillet 1839).

Enfin, il aurait fallu relever cette grosse erreur ramassée dans quelque infime dictionnaire biographique, mais déplacée dans une collection publiée par ordre du roi, par les soins du ministre de l'instruction publique! à savoir, *que Montaigne était mort au château de Gournay* (1)!

J'ajouterai encore un mot. Les catalogues de la Bibliothèque se taisaient sur cette lettre de Montaigne ; en particulier, ceux de la collection Dupuy, l'un par ordre alphabétique et l'autre par volume, n'en faisaient aucune mention : le silence du catalogue de la Bibliothèque ne prouve donc rien contre la possession de certaines pièces. Ainsi, quoique ces répertoires fussent muets au sujet de la lettre de Montaigne fac-similée dans la Galerie française, il se pourrait donc qu'elle eût fait partie des collections de cet établissement avant l'époque à laquelle Lemontey l'a possédée, ainsi qu'il nous a été affirmé qu'il en était, et comme nous l'avons dit dans la notice bibliographique sur Montaigne.

En résumé, M. Macé vient de doter le monde littéraire d'un

---

(1) Recueil de lettres missives de Henri IV publié par M. Berger de Xivrey. Tome II, note de la page 45.

précieux document qui, s'il n'éclaire pas beaucoup la biographie de Montaigne, servira puissamment à faire ressortir le noble caractère de l'auteur des *Essais*. Nous souhaitons que M. Macé reçoive la récompense que méritent ses patientes et consciencieuses recherches; mais, dans tous les cas, la reconnaissance des hommes de lettres et celle des admirateurs de Montaigne lui est bien légitimement acquise.

II.

La lettre qui va suivre a eu une célébrité éphémère, lorsque, quittant la collection dans laquelle elle était enfouie, elle a affronté le grand jour des enchères publiques. Mais son éclat n'a duré qu'une soirée. Estimée d'abord avec exagération, elle a bientôt été frappée d'une réprobation tout aussi peu motivée; cependant on peut dire que cette page ne méritait

Ni cet excès d'honneur, ni cette indignité,

et, malgré les discussions qu'elle a soulevées, elle n'a point été appréciée encore à sa juste valeur.

Voici en quelques mots l'histoire de cette pièce. Lorsqu'en 1834 Mme de Castellane vendit sa collection d'autographes, les amateurs furent mis en émoi par l'annonce d'une lettre autographe de Montaigne, et, au jour de la vente, Guilbert de Pixérécourt se rendit adjudicataire pour une somme de près de 800 fr. Mais le célèbre dramaturge ne fut pas plus tôt en possession du précieux autographe qu'il avait tant convoité, qu'il parut s'en repentir, et il chercha à mettre en doute sa légitimité. Les autorités autographiques furent consultées, quelques membres de la société des *Bibliophiles* intervinrent, et après de longs débats il fut décidé que la pièce était apocryphe, non qu'elle fût une copie donnée pour un original, mais on déclara que la lettre était *fausse en tous points*, imaginée de toutes pièces, et le grand argument fut qu'elle contenait le mot *passeport*, qui, suivant les consultants, n'était pas dans la langue française à cette époque. La lettre dut donc être immédiatement rendue à Mme de Castellane, qui s'empressa de la reprendre.

Cette décision n'a aucune valeur, car le motif sur lequel elle se fonde est de toute inexactitude. M. Fontaine a cité une lettre du cardinal de Lorraine antérieure à celle-ci de 29 ans, et dans laquelle se lit le mot *passeport*. Pasquier, contemporain de Montaigne, emploie cette même expression, et, précisément à l'occasion de notre auteur, il dit qu'à sa mort Marie de Gournay traversa la France, *sous la faueur des passeports*, pour aller mêler ses larmes à celles de la femme et de la fille de son père d'alliance (1). On trouve encore le mot *passeport* employé dans plusieurs ouvrages à peu près contemporains de Montaigne. Ainsi Darnal et la *Lettre du maire et échevin de La Rochelle à M. de Montmorency, amiral de France*, présentent cette expression. Enfin, et pour clore cette discussion, nous avons fait remarquer que ce mot se trouve employé sept fois dans un acte authentique promulgué plus de 120 ans avant la lettre arguée de faux, savoir : l'*ordonnance d'institution des postes*, rendue en 1464 par Louis XI (2).

La décision motivée sur la présence du mot *passeport* étant ainsi annulée, voyons ce qu'on doit penser de la lettre en question.

De toute évidence l'écriture est celle de Montaigne, et le récit que fait cette missive d'un guet-apens dont notre auteur faillit être victime nous paroît avoir incontestablement trait à l'événement dont Montaigne rend compte dans les *Essais*, au chapitre *De la physionomie*. Nous retrouvons là la forêt, les hardes dévalisées, la boîte prise, etc. Les différences que les deux versions présentent peuvent très bien s'expliquer par la

---

(1) Voy. *Lettres de Pasquier*, t. II, p. 384-5 ; Ire du liv. XVIII, à M. Pelgé, maître des comptes.
(2) Voy. les art. 6, 12, 14, 16, 26, de l'Institution et establissement que le roy Louis XI nostre Sire veut et ordonne estre faits de certains coureurs et porteurs de ses depesches en tous les lieux de son royaume, etc., donnés à Luxies, près de Doullens, le 19e jour de juin 1464.

différence des positions dans lesquelles se trouvoit le narrateur à chacun de ces récits, et par les buts divers qu'il se proposoit en les rédigeant.

Du reste, les abréviations, la forme de la souscription, la signature, tout ressemble, à ne s'y pas méprendre, à la *manière* de Montaigne.

Est-ce donc à dire que la pièce de Mme de Castellane fût véritablement autographe? Nous ne le pensons pas; mais nous ne faisons pas doute qu'il a existé et qu'il existe probablement encore une lettre *authentique* de Montaigne, dont celle-ci était une copie assez habilement mais *niaisement figurée*; la main du faussaire a hésité en beaucoup d'endroits, il n'a pas compris ce qu'il écrivoit, et en particulier le mot *ligueu* (pour *ligueur*), et il a mis *lignon*, *longier* pour *longur*, *boaucoup* pour *beaucoup*, etc.

A la rigueur, ces âneries du copiste seraient pour nous une preuve de plus : celui qui aurait voulu inventer une lettre de Montaigne lui aurait donné un sens, et ici il est un grand nombre de phrases qui n'en ont pas, parce que celui qui les a imitées n'a pas su les déchiffrer sur l'original.

Nous n'hésitons donc pas à admettre que Montaigne a bien réellement écrit la lettre qui a servi à faire cette copie fautive. Nous prétendons que cette page a un véritable intérêt historique, et nous croyons que l'événement auquel elle fait allusion a dû avoir lieu en 1588.

L'histoire du temps nous apprend que, lorsque l'armée étrangère, composée de Suisses et de reistres (1), et commandée par le maréchal de Bouillon, venait d'atteindre la Loire, et que Henri IV, vainqueur à Coutras, était près de la rejoindre, Henri III chargea le duc de Nevers de gagner les chefs suisses, démoralisés par une série de défaites, et que, moyennant quatre cent mille écus, il les décida à rentrer dans leur pays avec leurs troupes rassemblées alors *vers la forêt d'Orléans et près d'elle*.

---

(1) *Reistre*, cavalier, de l'allemand *reiter* et du flamand *reutter*, qui signifient homme de cheval, que les Anglais nomment *Reider*.

Les reistres tenaient encore ; mais, désespérant de rejoindre le roi de Navarre, ils finirent par se laisser gagner, et conclurent, le 20 décembre 1587, une convention avec d'Epernon.

Mais il est très probable qu'un certain nombre de traînards resta dans la contrée et détroussait les passants ; cela concorde parfaitement avec ce que dit Montaigne dans les Essais : « me » fiant à *ie ne scay quelle trefve* qui venoit d'être publiée en » nos armées », et avec ce qu'il raconte dans la lettre comme lui étant arrivé en février (1588), c'est-à-dire six semaines après cette trève, qu'il qualifie vaguement, parce que ce n'était pas là une capitulation qui fît époque (1).

Divers renseignements m'autorisent à croire que la lettre originale a existé à Paris, et qu'elle y a été vendue au C. O. de S.-P. ; peut-être, avant de s'en dessaisir, le possesseur d'alors a-t-il voulu en conserver une copie.

Quoi qu'il en soit, cette lettre, que nous tenons pour être certainement de Montaigne, n'a jamais été imprimée. Mme Delpech avait obtenu de Mme la comtesse Boni de Castellane de la faire fac-similer pour l'insérer dans l'*Iconographie française ;* le tirage était préparé, lorsque la lettre fut arguée de faux. Mme Delpech, avec un scrupule qui l'honore, ne voulut pas admettre une pièce suspecte dans sa belle collection, et elle n'hésita pas à faire briser la pierre ; malheureusement on ne réserva pas même quelques exemplaires d'épreuve. Cependant, quelques années après, désirant conserver le souvenir de cette lettre, je priai Mme Delpech de vouloir bien faire rassembler les débris de cette pierre lithographique, ce qu'elle m'accorda très gracieusement ; les fragments nombreux furent rapprochés et provisoirement maintenus, trois épreuves furent tirées et me furent remises, et la pierre fut aussitôt et définitivement détruite. C'est sur ces exemplaires, qui aujourd'hui

---

(1) Voyez les histoires du temps, et en particulier l'*Histoire des derniers troubles de France sous Henri III et Henri IV*, jouxte la copie imprimée à Lyon, 1604, tom. I, p. 40.

constituent, comme on le voit, une véritable rareté, que nous copions la pièce suivante :

Monseignur uous aves sceu nostre bagage pris a la forest de Villebois a nostre veue despuis après beaucoup de barbouillage et de longur la prinse iugée iniuste par mōsieur le prince (**1**). Nous n'osions cependā passer outre pour l'incertitude de la surete de nos personcs de quoi nous deuions estre esclercis sur nos passepors le ligueu a faict cete prinse *qui prit* (**2**) M. de Barraut (**3**) et M. de la rochefocaut la tampeste est tubée (tombée) sur moi qui auois mon ariat (argent) en ma boite. Je nen ai rien recouuert et la plus part de mes papiers et harde leur sōt (sont) demurées. Nous ne uismes pas mosieu le prince. Il s'est perdu cinquāte tāt (tant) .... (**4**) (*ici un mot illisible*). Pour mōsieur le cote (comte) de Thorigny (**5**), un' cuiere (**6**) d'ariant (d'argent) et quelques hardes de peu. Il a destourné (*probablement le comte de Thorigny*) son chemin en poste pour aller uoir les dames esplorees a mōtresor (**7**) ou sont les cors des deus frères et de la gran mere et nous reprint hier en cette ville dou nous partōs presātemāt (*présentement*). Le voïage de normādie est remis. Le roy a despesche messieurs de Bellieure (Bellièvre) (**8**) et de la guiche (**9**) vers mōsieur de guise (**10**) pour le semondre de venir a la court (**11**) nous y serons judi (**12**).

D'Orléans, ce 16 feur, au matin.

Vostre tres huble
svitur

Mōtaigne.

Cette lettre semble écrite sous l'influence d'une déroute récente; les phrases sont morcelées, les idées se heurtent, et quand bien même l'ignorance du faussaire n'auroit pas augmenté le décousu de la rédaction, elle seroit encore fort embrouillée. De bonne foi, celui qui aurait voulu créer une lettre de Montaigne l'aurait-il construite d'une manière aussi bizarre et aussi incompréhensible?

Observations.

Nous fixons à 1588 la date de cette missive, d'après les rapprochements historiques que nous avons faits précédemment, et aussi parce qu'on sait que Montaigne vint cette année-là à Paris, qu'il y fit imprimer la cinquième édition des *Essais*, où ce récit paraît *pour la première fois*, enfin parce qu'elle ne peut être d'une époque postérieure, puisque le duc de Guise est mort cette même année.

(1) Monsieur le prince dont il est ici question est sans doute le prince de Conti, car les histoires du temps nous apprennent qu'il était là, dans le voisinage, entre Auneau (Eure-et-Loir) et Orléans.

(2) Nous avons écrit *qui prit*; mais ce ne sont pas là les mots de la lettre. La phrase semblerait indiquer que le ligueur croyait prendre MM. de Barraut et de la Rochefoucault, mais que la tempête est tombée sur Montaigne.

(3) Darnal mentionne comme jurat en 1566 Iean JAUBERT, sieur de Barrault, l'un des 100 gentilshommes de la maison du Roi.

(4) Il y a là un mot illisible. Montaigne y fait l'énumération de ce qu'a perdu le comte de Thorigny, savoir cinquante... une... d'argent et quelques hardes de peu.

(5) Le comte de Thorigny dont il est question devait être Charles de Matignon, fils unique de Matignon, gouverneur de Guyenne depuis 1581, et mort dans l'exercice de sa charge en 1597. Ce maréchal avait succédé à Montaigne dans la mairie de Bordeaux. Le comte de Thorigny fut aussi, après la mort de son père, maire de cette même ville.
Ne semble-t-il pas que l'auteur de cette prétendue fausse lettre a étudié bien à fond l'histoire du temps, et en particulier celle du Bordelais?

(6) Le mot que j'ai écrit *euiere* commence incontestablement par un *e*. J'ai cru que Montaigne avait peut-être employé cette expression comme synonyme d'aiguière, pour vase à contenir de l'eau (comme on dit *évier*); mais M. Richard pense que la première lettre pourrait bien être un *c* bouclé, et, dans ce cas, on devrait lire *une cuière* (cuillère d'argent).

(7) Montresor ou Monthrésor, petite ville au sud de Blois et au sud-est de

Tours, sur l'Indrais, non loin de Loches. Elle fut érigée en comté en faveur de Bourdeilles, puîné de cette famille. Le château devait sa fondation à Foulques de Nera, comte d'Anjou.

(8) Ce Bellièvre devait être Pompone de Bellièvre, fils du premier président du parlement de Grenoble, né à Lyon en 1529. Il fut ambassadeur sous Charles IX, Henri III et Henri IV; il suivit le duc d'Anjou (depuis Henri III) en Pologne, et fut fait, par ce prince devenu roi de France, surintendant des finances en 1575. Ce fut encore lui que le roi envoya à Soissons, en 1588, au devant du duc de Guise, pour lui enjoindre de ne pas entrer dans Paris au mois de mai.

(9) Ce de la Guiche était Philibert de la Guiche, né vers 1540, mort en 1607, gouverneur de Lyon. Il était bailli et capitaine de Mâcon à l'époque de la Saint-Barthélemi, et il refusa d'exécuter les ordres sanguinaires qui ui furent transmis; il fut gouverneur de plusieurs provinces, chevalier du Saint-Esprit, grand-maître de l'artillerie. Il s'efforça de convaincre et d'adoucir le roi, qui, la veille des Barricades (11 mai 1588), voulait faire assassiner de Guise, lorsqu'il se présenterait dans l'appartement de la reine. Il est remarquable que Henri III envoyait au duc de Guise deux hommes qui, sans être de son parti, étaient au moins les admirateurs de ses qualités, car Bellièvre passait aussi pour avoir un certain faible pour Henri de Guise.

(10) L'histoire du temps nous dit qu'à cette époque le duc de Guise était à Nancy.
La lettre de Montaigne prouve qu'en février Henri III appelait ce prince à la cour, et on vient de voir qu'au mois de mai suivant il lui faisait défendre de s'y présenter.

(11) En février 1588, la cour était à Paris, où elle était rentrée depuis le 23 décembre précédent, et elle y resta jusqu'aux Barricades.

(12) Le 16 février de l'année bissextile 1588 était un mardi. Montaigne annonce son arrivée à Paris pour le jeudi; c'est bien là le temps qui était nécessaire alors pour franchir cette distance.

Notre respect pour la vérité nous fait un devoir de produire ici une objection que nous nous sommes faite sur notre explication, et à laquelle nous n'avons pu répondre d'une manière précise.

Dans notre version, Montaigne aurait été dévalisé par les *huguenots*; — dans la version de la lettre, il l'aurait été par les *ligueurs*.

A moins que la traduction que nous donnons ne soit inexacte, et qu'il n'y ait pas *ligueur*?

Sub judice lis est.

2° LETTRES DÉJA IMPRIMÉES.

I.

L'original de la lettre qui suit appartient aux archives de la ville de Bordeaux, et il est entièrement écrit de la main de Montaigne.

Cette lettre a d'abord et pour la première fois été publiée par M. Gustave Brunet dans le *Bulletin du Bibliophile* (juillet 1839); j'ai publié, à cette occasion, quelques observations dans le numéro d'octobre suivant.

Postérieurement cette pièce a été insérée dans les documents historiques inédits pour servir à l'histoire de France, publiés par M. Champollion Figeac, tome II, *Paris*, Firmin Didot, 1843, in-4° (p. 484).

Le *fac-simile* de cette lettre est joint à cet opuscule (1).

✝

Messieurs iespere que le voïage de Mōsr de cursol (2) apor-

---

(1) Comme notre but, en faisant cette publication, est principalement de mettre le lecteur à même de reconnaître les autographes de MONTAIGNE, nous avons cru devoir non seulement conserver scrupuleusement son orthographe, mais encore ses abréviations. Nous nous sommes borné à écrire *in extenso* le mot entre parenthèses lorsqu'il étoit obscur, et à ponctuer afin d'éclaircir le sens.

Nous devons faire remarquer que nos copies présentent de nombreuses différences avec celles imprimées dans les documents historiques : c'est que les éditeurs de cette collection ont altéré l'orthographe de Montaigne. Ainsi cet auteur a écrit, et nous l'avons imité : Bourdeaus, Tholose, ladite, ouvraige, pastelz, soullaigement, iuste, ie, i'espere, fauorable, aues, tienderes, iuratz; les documents écrivent Bourdeaux, Tolose, la dicte, ouvrage, pastels, soullagement, juste, je, j'espère, favorable, avez, tienderez, jurats, etc.; et c'est à tort : nous garantissons l'exactitude minutieuse de nos transcriptions, faites sur les pièces originales par nous-même ou par nos amis, accoutumés à ce genre de recherches, et nous nous plaisons ici à nommer MM. Francisque Michel, et Gustave Brunet, de Bordeaux.

(2) Ce M. de Cursol était jurat de Bordeaux, mais non second jurat,

tera quelque cōmodite a la ville aïant ē mein vne cause si iuste et si fauorable Vous aues mis tout lordre qui se pouuoit aus affaires qui se presantoint les choses etant en si bons termes ie vous supplie excuser ēcores pour quelque (1) tamps mō absance que i'acourcirai sans doubte autāt que la presse de mes affaires le pourra permettr. Jespere que ce sera peu cepādant vous me tiendres sil vous plait en uotre bone grace et me cōanderes (*commanderez*) (2) si l'occasion se presante de m'ēploïer pour le seruice publiq et votre Mon^{sr} de cursol m'a aussi escrit et auerti de son voïage. Je me recōāde (*recommande*) bien hublemat et supplie dieu.

· Messieurs vous doner lōgue et hureuse vie. De mōtaigne, ce 21 may 1582.

Votre heuble frere et
servitur,

MŌTAIGNE.

Au dos il est écrit :

A Messieurs
Messieurs les iurats
de la ville de bourdeaus.

comme dit une note des *Documens historiques*, car il n'a eu ce rang qu'à partir de juillet 1582, et la lettre est datée du mois de mai. A cette époque, a jurade se composait de Montaigne, maire ; jurats : Du Périer, Delurbe, Treilles, Cursol, Turmet et Fort. (Voyez Darnal.)

(1) Nous ferons remarquer que l'original offre ici une rature. Montaigne avait écrit d'abord *quelques io;* mais il a préféré mettre *quelque tems,* au lieu de *quelques jours.* Cela lui laissait *plus de liberté.*

La lettre donnée par M. Macé, quoique adressée au roi, contient aussi des ratures. Cela rappelle que Montaigne dit, dans les *Essais*, qu'il dictait très vite, qu'on pouvait à peine le suivre, et qu'il « avoit accoustumé les » grands qui le connoissoient à supporter dans ses lettres des litures et des » ratures, et un papier sans plieure et sans marge » ; ce que confirme l'examen des lettres que nous connaissons.

(2) Les *Documens historiques* disent à tort *manderez.*

II.

La lettre qui suit appartient, comme la précédente, aux archives de la ville de Bordeaux. Elle a été pour la première fois, que nous sachions, imprimée dans les documents historiques.

Elle n'est pas écrite par Montaigne ; il n'y a du philosophe que la souscription et la signature (1).

Messieurs Messieurs les juratz de la ville de Bourdeaux.

Messieurs, jay prins ma bonne part du contentement que vous maseures auoir des bonnes expediõns quy vous ont esté rapportées par Messieurs voz deputes et prens a bonne augure que vous ayes heureusement achemyné ce commencement dannée esperant m'en conjoyr auecques vous à la premiere commodité. Je me recommende bien humblement à vostre bonne gracé et prie Dieu vous donner,

Messieurs, heureuse et longue vye de monta, ce viij^e feburier 1585.

Votre hûble
frere et servitur,
MÕTAIGNE.

III.

Nous donnons ici la lettre suivante, quoiqu'elle ait été imprimée déjà à la suite des *Essais*. Elle ne se trouve qu'à un petit nombre des éditions modernes, et elle a paru pour la première fois dans celle d'Amaury Duval, en 1820-23. En la réimprimant, nous la donnons, comme les précédentes, en con-

---

(1) Nous ferons remarquer que cette lettre, écrite par un secrétaire, ne porte pas la croix figurée à la précédente.

servant les abréviations de Montaigne, et en respectant l'orthographe, ce qu'aucun éditeur n'avait fait jusqu'ici.

Cette lettre, dont l'original appartient aujourd'hui à M. F. Feuillet, de Conches, parut d'abord dans la *Galerie française* (1), où elle fut fac-similée, et on imprima une copie *in extenso* en regard pour en faciliter la lecture. Amaury Duval l'inséra ensuite dans le 6ᵉ volume de son édition des *Essais*, publié en 1823 ; mais il dit dans une note qu'il *a exactement suivi l'orthographe de l'original qui se voit à la Bibliothèque du Roi*. C'est une erreur ; la lettre, telle que l'a donnée Amaury Duval, est textuellement copiée sur l'*imprimé* de la *Galerie française*, et, par conséquent, très différente de l'original. Cette lettre a paru ensuite dans les éditions données en 1826 et 1836, par M. J.-V. Le Clerc ; dans l'édition du Panthéon, en 1837 ; dans celle de Didot, en 1838, etc.

Enfin, quelques années après, M. Feuillet consentit à ce que Mᵐᵉ Delpech fît fac-similer cette belle page pour l'*Iconographie française*. Ce qui a été fait.

Nous n'avons jamais vu l'original de cette lettre à la Bibliothèque du Roi ; la *Galerie française* dit qu'elle a appartenu à cet établissement, et c'est sur l'autorité de M. Gouget, l'auteur des fac-simile de cette collection, et sur celle d'Amaury Duval, que nous avons avancé, dans la *Notice bibliographique* sur Montaigne, que cette pièce avait appartenu à la Bibliothèque, car, à l'époque à laquelle nous composions ce petit ouvrage, on ne l'y retrouvait plus.

Plus tard ce fut à l'obligeance de M. Feuillet que nous dûmes de connaître cette précieuse lettre. Il nous dit l'avoir reçue de Lemontey, et certes, pour qui connaît le loyal possesseur actuel, il ne peut exister l'ombre d'un doute sur la légitimité de sa possession.

Cette belle missive est petit in-folio, elle est tout entière autographe, elle offre en haut la croix dont nous avons parlé ; au

---

(1) Paris, 1821-23, in-4º, 3 vol. Au nom de Montaigne.

dos il est écrit de la main de Montaigne Puy, pour faire savoir à son secrétaire à qui la lettre était destinée, et de la main de ce dernier à Monsieur Monsieur du Puy (1), conseillier (*sic*) du Roy en sa cō de Parlement de Paris à Xaintes. Cette circonstance nous rappelle que Montaigne dit dans les *Essais* « com-
» me i'aime mieulx composer deux lettres que d'en clore et
» plier une, ie resigne touiours cette commission à quelquau-
» tre. » (1.39.)

Enfin cette lettre était pliée carrément comme une feuille d'impression, puis fendue près des bords libres, lesquels étaient fixés par une languette de papier indépendante de la lettre. — C'est de la même manière qu'était close la lettre de la Bibliothèque royale.

†

Monsieur l'action du s^r de uerres prisonnier qui mest très bien conue merite qu'a son iugemant uous aportés uostre douceur naturelle si en cause du monde uous la pouues iustemant aporter. Il a faict chose non sulemāt (*seulement*) excusable selon les loix militeres de ce siècle mais necessere et come nous iuiōs (jugeons) louable. Et l'a faict sans doubte fort presse et enuis (2) le reste du cours de sa uie n'a rien de reprochable. Je uous supplie monsieur y eploïer uostre attantion nous trouuerres lair de ce faict tel que ie uous le représante qui est poursuiui par une uoie plus malitieuse que n'est l'acte mesmes. Si cela y peut aussi seruir ie vous veus dire que c'est vn home nourri en ma maisō, apparāte (apparenté) de plusieurs honestes familles et surtout qui a tousiours vescu honorablemāt et innocamāt qui m'est fort ami. En le sauuant uous me charges d'une extrême obligatiō ie vous supplie très hūblemāt l'auoir pour re-

---

(1) Il s'agit probablement de Claude Dupuy, né à Paris en 1545, et un des quatorze juges envoyés dans la Guienne, d'après le traité de Fleix, en 1580. C'est peut-être dans cette circonstance que Montaigne lui adressa cette lettre de recommandation. (J. V. L.)
(2) A regret, malgré lui ; du latin *invitus*.

cõande (*recommandé*) et après uous auoir baise les meins prie dieu vous doner,

Mõsieur lõgue et hureuse vie, du castera (1) ce 23 d'auril.

Votre affectione
svitur

MÕTAIGNE (2).

(1) Il existe en Gascogne plusieurs localités du nom de *Castera*, en particulier *Castera-Vivent*, qui possède des eaux minérales ; mais il est probable que le lieu où a été écrite cette lettre est le *Castera*, paroisse Saint-Germain-d'Esteuil. (V. Baurein, *Var. bord.*, t. II, p. 95.) Cette seigneurie, fort ancienne, a appartenu, par suite de son mariage avec Jacquette d'Arsac, à Thomas de Montaigne, seigneur d'Arsac, de Lilhan et de Loyrac, frère de Michel Montaigne.

(2) Cette lettre est celle qui a été la plus inexactement transcrite dans les diverses éditions qui l'ont reproduite ; elles se sont copiées l'une l'autre, et chaque éditeur, en annonçant que la pièce se trouvait à la Bibliothèque du roi, n'a pas cherché à vérifier sa copie sur l'original. Ainsi on écrit : cogneu, doulceur, pouvez, iustement, jugeons, malicieuse, peult, veulx, etc., au lieu de : conue, douceur, pouués, iustemant, iuions, malitieuse, peut, veus, etc., etc.

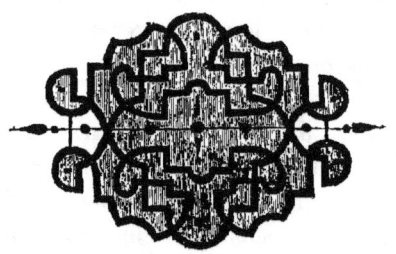

§ 2.

PIÈCE OFFICIELLE.

La pièce suivante est la seule du même genre que nous connaissions de Montaigne ; c'est la remontrance dont il a été parlé précédemment ; elle est écrite d'une main étrangère à Montaigne, et signée seulement de lui.

« C'est ce que Messieurs de Montaigne, maire, et Delurbe, procureur et syndic de la ville de Bourdeaulx, sont chargés et commis faire remonstrances au Roy de Navarre, lieutenant général du Roy au pais et Duché de Guienne, pour le bien du service de Sa Majesté et soullaigement de ses subjetz. »

« Remontreront au dict Seigneur Roy de Navarre que les provinces et villes ne peuvent estre maintenues et conservées en leur estat sans la liberté du commerce laquelle par la communiquation libre des uns avec les aultres cause que toutes chozes y abondent et par ce moien le laboureur de la vente de ses fruitz nourrit et entretient sa famille, le marchand trafique des denrées et l'artisan treuve prix de son ouvraige, le tout pour supporter les charges publiques et dautant que le principal commerce des habitans de ceste ville se faict avec les habitans de Tholose et aultres villes qui sont sizes sur la Garonne tant pour le faict des bledz, vins, pastelz, poisson que laynes et que les ditz maire et juratz ont esté advertis par ung bruict commun que ceulx du mas de Verdun sont resolus soubz pretexte du default du paiement des garnizons des villes de seureté octroiées par l'edict de paciffication d'arrester les bapteaux chargés de marchandizes tant en montant qu'en dessendant par la dite rivière de Garonne ce qui reviendrait à la totale ruyne de ce pais. »

« Sera le dict seigneur Roy de Navarre supplié ne permettre l'arrest des dictz bapteaux et marchandizes estre faict tant au dict mas de Verdun que aultres villes de son gouvernement; ains conserver et maintenir la liberté du commerce entre toutes personnes suyvant les edictz du Roy. »

« Fait à Bourdaulx en jurade le dixième de décembre mil cinq cens quatre vingtz trois. »

Signés : Môtaigne, Dalesme, Galopin, Pierre Reynier, Delurbe, Anneau? Lapeyre?

OBSERVATIONS.

1. Nous ferons remarquer que nous n'avons pu vérifier quels étaient les jurats à l'époque en question, parce que Darnal, qui fait connaître ceux qui ont fonctionné de 1582 jusqu'en juillet 1583, omet de dire quels ont été nommés en 1583 et 1584 (1). Nous retrouvons dans les signataires de la pièce ci-dessus les trois derniers jurats de l'année précédente, qui étaient passés premiers cette même année. Mais les trois nouvellement nommés ne sont pas indiqués par Darnal, et les signatures de deux d'entre eux sont très peu lisibles; nous les avons transcrites telles que nous les avons vues. Les *Documents historiques* donnent ces noms différemment; ils inscrivent *Fetayeyrs* et *Faneau*. Je n'ai du reste trouvé les noms que j'ai donnés ou ceux rapportés par les *Documents historiques* ni dans les jurades antérieures ni dans les jurades postérieures à 1583.

2. Le mas de Verdun dont il est ici question est situé en amont de Bordeaux, à une lieue environ au dessous de Verdun-s.-Garonne, et à une dizaine de lieues au dessous de Toulouse. — On le nomme aussi le *Mas Garnier* (département de la Haute-Garonne).

---

(1) En 1550, Henri II avait rétabli le droit d'élection. Les jurats étaient nommés pour deux ans, et leur nombre était fixé à 6. L'usage était que chaque année les trois plus anciens se retirassent, et la jurade se trouvait ainsi renouvelée annuellement par moitié.

§ 3.

LETTRES ADRESSÉES A MONTAIGNE

(*Et, à cette occasion, quelques renseignements relatifs à sa mort*).

Parmi les pièces assez nombreuses que nous possédons et qui ont été adressées à Montaigne, nous nous bornons en ce moment à publier les suivantes, qui ont peu d'étendue et qui témoignent assez de la considération dont jouissait notre philosophe.

I.

On lit dans les *Essais* : « Messieurs de Bordeaux m'esleurent
» maire de leur ville, estant esloigné de France, et encores
» plus d'un tel pensement. *Ie men excusay ;* mais on m'apprint
» que j'avois tort, le commandement du Roy s'y interposant
» aussi. »

Darnal confirme cette dernière assertion, car il dit, à l'an 1581 : « Lorsque M. de Montagne fut esleu maire ladicte année,
» il estoit à Rome (c'est une erreur, Montaigne étoit alors aux
» bains DELLA VILLA, près de Lucques), et le roy lui escriuit
» de s'en reuenir pour faire sa charge à Bourdeaus. »

Montaigne avait sans doute déposé dans les archives de Bordeaux la copie de la lettre que Henri III lui écrivit à cette occasion, et Buchon a eu le mérite de l'y découvrir.

Cet infatigable éditeur la publia en 1838 (1), et ce ne fut

---

(1) Dans les *Notices littéraires*, Chronique des seigneurs de Foix et de Béarn.

que postérieurement qu'elle parut dans les documents inédits sur l'histoire de France (1).

Voici cette pièce :

Monsieur de Montaigne, pour ce que j'ay en estimé grande vostre fidellité et zellée dévotion à mon service ce m'a esté plaisir d'entendre que vous ayez esté esleu maior de ma ville de Bourdeaulx, ayant eu très-agréable et confirmé ladicte eslection et d'autant plus vollontiez qu'elle a esté faite sans brigue et en vostre lointaine absence. A l'occasion de quoy mon intention est, et vous ordonne et enjoincts bien expressement que sans delay ne excuse reveniez au plus tost que la présente vous sera rendue, faire le deu et service de la charge où vous avez esté si légitimement appellé. Et vous ferez chose qui me sera très agréable, et le contraire me desplairoit grandement, priant Dieu Monsieur de Montaigne quil vous ayt en sa saincte garde.

Escript de Paris le XXV° jour de novembre mil cinq cent quatre vingt ung.

Signé : HENRY.

Et plus bas :

De Neufville.

Au dessous : à Monsieur de Montaigne chevalier de mon ordre, gentilhomme ordinaire de ma chambre estant de présent à Rome.

II.

Extrait du : *Recueil des lettres missives de Henri IV*, publié par M. Berger de Xivrey. *Paris*, 1843, tom. II, p. 45. faisant partie de la collection des documents inédits.

A mon cousin Monsr le mareschal de Matignon.

Mon cousin, j'ay esté bien ayse d'avoir entendu si particulie-

---

(1) Voy. *Documens historiques inédits*, publiés par Champollion-Figeac, tom. II. *Paris*, Firmin Didot, 1843.

rement de voz nouvelles par M. de Montaigne. Je luy ay donné charge de vous dire des miennes et vous asseurer de plus en plus de mon entiere amitie, m'en remectant donques sur luy, je vous prieray de le croire comme moy-mesmes qui prie aussy le créateur vous tenir,

Mon cousin, en sa tressaincte protection. De Bragerac, le xxiij jour d'avril 1585.

Et plus bas, de la propre main de Henri IV :

Mon cousin, je vous prie croyre Mon^{sr}. de Montagne (*sic*), et fayre estat que je suis et veux demeurer,

Vostre plus affectionné cousin et parfaict amy,

HENRY (1).

(1) A cette occasion l'éditeur a ajouté une note, à la fin de laquelle il dit que Montaigne est *mort au château de Gournay;* c'est une erreur. Notre philosophe est mort *en sa maison de Montaigne*, comme dit Pasquier; il n'y a pas de doute à cet égard.

Un point sur lequel tous les biographes sont en désaccord, c'est la date de la mort de l'auteur des *Essais*. Les uns (Bastien, Naigeon, Gence, Le Clerc, etc.) la fixent au 13 septembre, d'autres (Chaudon, Bouhier, Vernier) au 15; enfin Gabriel Delurbe la fixe au 17 de ce même mois. Cherchons la vérité au milieu de ces incroyables contradictions. On ne peut se refuser à admettre l'exactitude de la date inscrite sur le tombeau même de Montaigne, qui fut élevé par sa veuve : or ce monument porte « *Obiit anno salutis* CIƆ IƆ VIIIC *idib. sept.* ». Le mois de septembre était, dans le calendrier romain, un de ceux où les nones tombaient le 5, et, par conséquent, les ides le 13 : c'est donc bien incontestablement le 13 septembre 1592 que Montaigne a terminé sa carrière.

Mais une circonstance assez singulière, c'est que, presque tous les biographes ayant cru devoir indiquer le nombre des ans, mois et jours, que Montaigne a vécu, il n'en est pas un qui l'ait fait d'une manière exacte. Les uns disent 59 ans, 6 mois et 11 jours, et d'autres 59 ans, 7 mois et 11 jours; tous sont dans l'erreur. Montaigne, d'après les *Essais*, est né *le dernier jour de février* 1533 (quoique Bouhier, Suard, etc., le fassent naître en 1538). A la fin de février 1592, il avait précisément 59 ans; il a vécu de plus les six mois suivants, jusqu'à septembre exclusivement, et les treize premiers jours de ce dernier mois : nous trouvons donc un total de 59 ans, 6 mois et 13 jours.

Mais, si on voulait être rigoureusement exact, il faudrait tenir compte

III.

Duplessis-Mornay écrivoit à Montaigne, le 25 novembre 1583 :

« Le roi de Navarre vous a écrit comme il est entré en sa ville de Mont-de-Marsan, à vous qui n'êtes, en cette tranquillité d'esprit, ni remuant ni remué pour peu de chose. Nous vous écrivons pour vous rendre témoin si besoin est envers ceux qui jugent mal de nous. »

Dans une autre lettre du même on lit :

des 10 jours supprimés en 1582 par le pape Grégoire XIII pour compenser ce même nombre de jours dont l'équinoxe avait reculé depuis le concile de Nicée, et alors on obtiendrait en dernière analyse 59 ans, 6 mois et 3 jours, pour exprimer exactement la durée de la vie du philosophe.

Puisqu'il s'agit de la mort de Montaigne, et que cette collection est destinée à recueillir les petits faits éparpillés çà et là, ajoutons encore deux anecdotes. L'une nous est fournie par Bernard Authomne (*Commentaire sur les coutumes générales de la ville de Bordeaux*. Bordeaux, 1621, in-4°) :

« Feu Montaigne, auteur des *Essais*, sentant approcher la fin de ses
» jours, se leva du lit en chemise ; prenant sa robe de chambre, ouvrit
» son cabinet, fit appeler tous ses valets et autres légataires, et leur paya
» les légats qu'il leur avoit laissés dans son testament, prévoyant les diffi-
» cultés que feroient ses héritiers à payer ses légats (legs). »

L'autre historiette est celle-ci :

En 1800, le préfet de la Gironde avait ordonné que, le 23 septembre, jour où l'on célébrait l'anniversaire de la fondation de la république, on transportât solennellement au Musée de Bordeaux les cendres de Montaigne, qui depuis 200 ans reposaient dans l'église des ci-devant Feuillants, où sa veuve les avait fait transférer le 1er mai 1614. La cérémonie eut lieu, et le corps et le mausolée enrichirent le Musée jusqu'en 1803 ; mais, à cette époque, des renseignements tardifs firent reconnaître que le cercueil qui avait été l'objet des hommages publics était, non celui de l'auteur des *Essais*, mais celui d'une de ses parentes, la dame Brian, veuve Lestonnac.

C'est alors que M. Joseph Montaigne, seul rejeton de la famille (de la descendance de Bussaguet, oncle paternel de Michel Montaigne), obtint du préfet du département un nouvel arrêté qui l'autorisa à replacer les choses dans l'état où elles se trouvaient avant la cérémonie, et à restaurer le mausolée tel qu'on le voit aujourd'hui dans l'église du collége établi dans l'ancien couvent des Feuillants.

« Nos conseils dépendent des lieux ou vous êtes, car (nous) ne parons que les coups.... Je sais que vous y apportez les biens que vous pouvez (1). »

IV.

En 1582, Loisel, le célèbre jurisconsulte, dédia à Montaigne un écrit intitulé : *Amnestie* (et non amnistie comme dit la Biographie universelle), ou de l'ovbliance des mavx faicts et recevs pendant les troubles, publié d'abord en 1595, in-8. et inséré en 1605 dans le recueil publié sous le titre de LA GUYENNE. *Paris*, Ab. Langelier, où il forme la 3ᵉ remontrance (2).

Loisel écrivait :

A Monsieur de Montaigne,

Monsieur,

Si vous pristes quelque contentement d'ouyr ce que ie dis à l'ouuerture de nostre première séance comme vous m'en fistes deslors quelque demonstrance, i'espère que vous en recevrez autant ou plus en lisant ce que ie vous enuoye avec la présente. D'autant mesmement que vous trouuerez plus de particularitez de vos ville et pays de bordelois. Comme de faict ie ne scauroy à qui mieux addresser cette closture qu'à celui qui estant maire

---

(1) J'ai trouvé les extraits qui précèdent dans un petit livret peu commun, intitulé : *Recherches historiques sur l'office de maire de Bordeaux*, par M. Marie de Saint-Georges de Montmerci. Madrid, 1785, in-8°.

C'est sans doute la rareté de ce petit livre qui a déterminé un *jeune enthousiaste de nos vieilles chroniques* à publier en 1857, dans une série de feuilletons du *Mémorial bordelais*, la plus grande partie de cet ouvrage ; mais il aurait été de rigoureuse justice que le jeune enthousiaste indiquât la source où il avait puisé, et c'est ce qu'il a oublié de faire.

(2) A la fin de ce volume, publié du vivant de l'auteur, on trouve un *Traité de l'Université de Paris et qu'elle est plus ecclésiastique que séculière*; ce qui répond au doute qu'expriment les auteurs de l'article LOISEL dans la *Biographie universelle*, lorsqu'ils disent : « On lui attribue un *Traité de l'Université de Paris*. » Paris, 1587, in-8°.

et l'un des premiers magistrats de Bourdeaux, est aussi l'vn des principaux ornemens non seulement de la Guyenne, mais aussi de toute la France. Ie vous prie doncques la recepuoir d'aussi bon cœur que ie vous i'enuoye : priant Dieu, Monsieur, vous tenir en sa grâce. D'Agen, ce 1 novembre **MDLXXXII**.

Vostre très humble et obéissant seruiteur,

Ant. L'Oisel.

Il existe encore un assez grand nombre de pièces adressées à Montaigne, mais nous n'avons pas eu l'intention de les réunir toutes ; nous avons seulement cherché à recueillir celles qui émanaient d'hommes politiques. Pierre de Brach, Expilly, La Boétie, Marie de Gournay et d'autres, ont adressé à Montaigne de la prose et des vers.

§ 4.

LIVRES ANNOTÉS.

Cette publication ayant pris naissance à l'occasion des autographes de Montaigne, nous croyons devoir donner la liste des ouvrages dont jusqu'ici nous avons eu connaissance, et qui portent la signature ou les annotations de cet auteur (1).

Rappelons d'abord que Montaigne dit, dans les *Essais*, qu'il a mille volumes autour de lui, et que, sur ce nombre, il possédoit 100 épistolaires. Il paraît que Montaigne avait l'habitude de signer ses livres au bas du frontispice, du moins on en rencontre quelques uns qui portent cette véritable illustration; de plus il dit dans les *Essais* (liv. II, chap. 10) : « Pour subuenir
» vn peu à la trahison de ma memoire, et à son deffault si ex-
» trême qu'il m'est aduenu plus d'vne fois de reprendre en
» main des liures comme nouueaus et à moy inconus, que
» l'auoy leu soigneusement quelques années auparavant, et bar-
» bouillé de mes notes, i'ay prins en coustume, depuis quel-
» que temps (ceci est dit dès la 1re édition, 1580) d'adiouter
» au bout de chasque liure (ie dis de ceux desquels ie ne me
» veux seruir qu'vne fois) le temps auquel i'ay acheué de les
» lire, et le iugement que i'en ay retiré en gros : affin que cela

---

(1) Depuis long-temps nous avons entrepris de reconstituer le catalogue de la bibliothèque de Montaigne; le paragraphe suivant, qui a, dans cette circonstance, un véritable à-propos, n'est qu'un court extrait de ce travail.

Nous pouvons affirmer qu'un inventaire de cette nature contribue puissamment à faire connaître l'auteur des *Essais* : car, sans chercher à parodier un mot célèbre de Buffon, nous croyons qu'on peut dire des livres ce que ce grand écrivain disait du style : « *La bibliothèque, c'est l'homme.* »

Le catalogue des livres d'un travailleur nous semble être le plus éloquent de tous les éloges, la plus impartiale de toutes les épitaphes.

» me représente au moins l'air et l'idée générale que i'auois
» conceu de l'autheur en le lisant. » Et il transcrit ce qu'il a
écrit sur son *Guichardin*, son *Philippe de Commines*, et ses
Mémoires de du Bellay.

On trouve effectivement des livres qui portent l'achevé de
lire en question; mais il est deux particularités intéressantes
dont Montaigne ne parle pas, et qui sont bonnes à connaître :
c'est qu'il mettait aussi quelquefois : *Commencé de lire à telle
époque*, et puis, soit après le *commencé*, soit après l'*achevé*, il
plaçait entre deux lignes un nombre qui indiquait celui de ses
années, et il les comptait de telle sorte qu'en inscrivant seulement les années révolues, il se donnait 49 ans, par exemple,
jusqu'à la veille du jour où il complétait ses 50. Dans ce même
chapitre, Montaigne dit : « Quelque langue que parlent mes
» livres, je leur parle en la mienne. » Effectivement je n'ai
encore rencontré de lui que des notes écrites en français.

Il est presque superflu de faire remarquer que toutes les signatures que portent ces volumes sont toujours figurées ainsi
qu'elles sont dans les pièces qui précèdent, c'est-à-dire *Motai-
gne*, l'N de la première syllabe étant supprimé et remplacé
par un trait (tilde), qui de l'O se porte au sommet du T.

Ajoutons encore, pour être complet, que c'est ainsi qu'était
figurée une signature de Montaigne que possédait Guilbert de
Pixérécourt sur une étroite bande de papier qu'un profane avait
séparée d'une pièce intéressante peut-être! et qui n'a point été
retrouvée lors de la vente des livres et des autographes du célèbre bibliophile.

Liste des ouvrages signés ou annotés par Montaigne
qui sont parvenus à ma connaissance.

M. Parison possède :

1. — C. Julii Cæsaris commentarii. *Antuerpiæ*, 1570, in-8.
avec nombreuses notes marginales et une page entière écrites de la main de Montaigne.

Ce volume a été relié depuis les annotations, et la page
autographe a été *atteinte* par le couteau du relieur. Il est pro-

bable que ce dernier a coupé les mots *commencé de lire*, car on voit seulement en haut : Le 25 jan. 1578 (44).

Suit une longue note, et : *Acheué de lire ces liures des guerres de Gaule le 21 juillet* 1578 (45).

2. — Cento giuochi liberali e d'ingegno, da M. Innocentio Ringhieri. *Bologna*, 1561, in-4.
(Signature au frontispice.)

3. — Florilegium diversorum epigrammatum, in septem libros. MDXXXI. Vænundatur *Badio*.
(Belle signature au frontispice. Notes manuscrites qui ne sont pas de Montaigne.)

M. Renouard possède :

4. — Theodori Bezæ Vezelii poematum editio secunda, ab auctore recognita. Excudeb. Henric. Stephanus, MDLXIX.
(Signature au frontispice.)

5. — Il catechismo o verai nstitutione christiana, di M. Bernardino Ochino, da Siena, in forma di dialogo. *In Basilea*, 1561, in-8. mar. vert, tabis.
(Cité dans le catalogue d'un amateur, t. Ier, p. 116.)

M. Renouard a ajouté cette note :

« Cet exemplaire a appartenu à Montaigne, dont la signa-
» ture est sur le titre, avec ces mots : Liber *prohibitus*. Il en
» fit présent à Charron, de la main duquel est écrit aussi sur
» le titre : Charron, ex dono docti domini de Montaigne. *In suo*
» *castello*, 2 julii, anno 1586. »

6. — Examen du discours publié contre la Maison royale de France, et particulièrement contre la branche de Bourbon, sur la loy salicque, par un catholique. 1587, in-8.

M. Renouard mentionne cet ouvrage à la pag. 122 du tom. IV de son catalogue, et il ajoute : « Sur le titre est la signature de Montaigne et une note de sa main.

La bibliothèque publique de Bordeaux possède :

7. — Les commentaires de P. Victorius (Vettori) sur la rhétorique d'Aristote, portant le n° 148.

(Signature de Montaigne sur le frontispice, quoique cela ne soit pas dit au catalogue, où cet ouvrage est indiqué sous le n° 1214, *Belles-lettres*.)

8. — Masverii practica forensis. 1555.
(Signature de Montaigne au frontispice.)

La bibliothèque d'Huzard possédait :

9. — Xenophontis opera quæ quidem extant omnia..... nunc postremum, per Seb. Castilionem, de integro magno studiosorum compendio recognita. *Basileæ*, apud *Isingrisium*, 1551, in-8. italiq.
(Catalog. Huzard, t. Ier, n° 5454.)
Signat. au frontisp., barrée par un propriétaire subséquent.

On trouve, dans une bibliothèque particulière, à Bordeaux :

10. — Flave Vegece René.... quatre livres.... traduits fidèlement du latin en françois. *Paris*, Chrestien Wechel, MDXXXVI, in-fol.
(Belle signature *Mõtaigne* au frontispice, et au dessous : Duchesne de Beaumanoir adv. 1781.)

M. Aimé Martin possède :

11. — Histoire des rois et princes de Poloigne, composée en latin... par noble et magnifique sieur Iean de FVLSTIN... trad. du latin en françois. *Paris*, Pierre l'Huillier, 1573, in-4.
(Signature Mõtaigne au frontispice ; et à la fin : acheue de lire en feurier 1586, à Mõtaigne (52) cest un abre (gé) de l'histoire simple et sans ornemat (1).

Au titre est une note ainsi conçue : Achepté à Bordeaux de la bibliothèque de feu Michel de Montaigne, autheur des *Essais*, le 3 juin 1633. Signé Charon (*sic*) (2).

Ainsi, dès 1633, la bibliothèque de Montaigne était déjà dis-

---

(1) Nous ferons observer que l'*achevé de lire* ne se trouve que postérieurement à 1572. En effet, c'est l'époque à laquelle Montaigne a commencé à écrire ses *Essais*, et il dit, dès la première édition, qu'il avait pris l'habitude *depuis quelque tems* d'inscrire la date de ses lectures.

(2) Ce Charron ne pouvait être l'auteur du *Traité de la Sagesse*, puisqu'il est mort en 1603.

séminée, à moins qu'à cette époque même on ne la vendît intégralement.

Le catalogue des livres de la bibliothèque de feu M. Mirabeau l'aîné, *Paris*, Rozet, 1791, porte : sous le n° 127.

12. — Homeri Odyssea, grecè. Anno 1525, in-8. v. m. f. dor. s. t.

Une note ajoute : « Cet exemplaire, fort bien conservé, est précieux par des notes marginales écrites de la main même de Michel Montaigne, auquel il a appartenu. »

Il est probable que le frontispice portait la signature, quoique le catalogue ne le dise pas.

J'ignore où se trouve aujourd'hui cet exemplaire.

Le catalogue des livres manuscrits et imprimés, etc., du cabinet de M. L. (Lamy). *Paris*, A. A. Renouard, 1807, porte, sous le n° 4211, les indications suivantes :

13. Essais de Michel, seigneur de Montaigne, cinquiesme édition, augmentée d'un 3ᵉ livre. *Paris*, Abel l'Angelier, 1588, in-4. vélin.

« En marge de ce volume sont de longues et nombreuses notes manuscrites qui paroissent être de la main de Loysel, habile jurisconsulte de ce temps, à qui l'exemplaire avoit été donné par Montaigne, de la main duquel on lit une note, en forme d'envoi, sur le feuillet blanc qui précède le titre. »

Suivant toute apparence, cet envoi était signé, quoique la note ne le dise pas.

Nous ignorons quel est aujourd'hui le possesseur de ce précieux volume, dont l'importance paraît avoir été sentie, puisqu'il a été payé 59 fr. 95 c.; ce qui est un prix élevé relativement aux autres articles de la vente, et en particulier à l'édition originale des *Essais*, qui a été adjugée à 2 fr. 25 cent.

Nous avons pu jusqu'à présent enrichir la collection que nous avons entreprise sur Montaigne des trois ouvrages suivants :

14. — La Cosmographie vniverselle, par Séb. Monstere. In-fol.

Sans indication de lieu ni date. Le privilége de 1552. L'avis au lecteur daté de Basle, l'an 1555, au moys de novembre.

Ce volume porte au frontispice la signature ; il ne présente pas de notes, mais un grand nombre de lignes soulignées aux pays qu'a visités Montaigne, principalement en Italie, et aux traits d'histoire qu'il a transportés dans les *Essais*.

Cet exemplaire était dans une déplorable condition, le talent de Caroll l'a réhabilité, il est malheureusement incomplet de quelques feuillets.

Je le dois à l'amitié de M. G. Brunet, de Bordeaux.

15. — De deis gentium varia et multiplex historia, Lilio Gregorio Gyraldo auctore. *Basileæ*, per Johannem Oporinum. In-fol. sans date au titre ; à la fin, **MDXLVIII**.

(Signature au frontispice, notes marginales en grec et en latin, que, par les raisons énoncées précédemment, je ne crois pas être de Montaigne.)

C'est M. Techener qui m'a procuré ce volume

16. — ΦΙΛΩΝΟΣ ΙΟΥΔΑΙΟΥ. Philonis Iudæi in libros Mosis. *Parisiis*, ex off. Adr. Turnebi. Regis Typis, **MDLII**, in-fol.

Magnifique signature au bas du frontispice. C'est à M. Guillemot que je suis redevable de posséder ce volume, qui a appartenu à Chardon de la Rochette, et qui est dans un fort bel état de conservation.

17. — On distribue en ce moment le catalogue de vente de la bibliothèque de M. L. (Libri?), Silvestre, 1847. J'y trouve, sous le n° 310, l'article suivant :

Apolinaris interpretatio psalmorum, versibus heroicis, græce. *Paris.*, 1522, in-8. (Avec la signature autographe de Montaigne sur le titre.)

18. — Je mentionne ici seulement pour mémoire l'exemplaire *hors ligne* que possède la Bibliothèque de Bordeaux, de l'édit. in-4., 1588, offrant un tiers des *Essais*, écrits de la propre main de Montaigne.

Montaigne, en mourant, avait laissé deux exemplaires de cette même édition annotés et *à peu près* calqués l'un sur l'autre. L'un d'eux fut remis à Marie de Gournay, qui s'en servit pour ses éditions : on ignore aujourd'hui ce qu'il est devenu.

L'autre fut donné aux Feuillants de Bordeaux par la veuve de Montaigne : il resta dans la bibliothèque du couvent jusqu'à la révolution, où il passa dans celle de la ville, qui le possède encore aujourd'hui.

C'est cet exemplaire qui a servi à Naigeon pour l'édition qu'il a donnée en 1802; il est couvert de notes marginales et interlinéaires, quelques unes même sur des papiers isolés. Malheureusement ce volume, probablement relié en vélin, fut remis à un relieur inintelligent, qui l'a impitoyablement rogné et a atteint un grand nombre d'annotations (1).

Enfin pour être exact et autant que possible complet, mentionnons, *sous toutes réserves*, un volume que possède M. Philarète Chasles, cet ingénieux appréciateur et cet ardent admirateur de Montaigne.

C'est un exemplaire des *Essais*, in-4°, 1588, lequel présente comme additions manuscrites, au feuillet de garde une signature que M. Chasles croit être Michel de Montaigne, un changement à la date de la préface, et une correction à un vers latin dans le texte.

Nous n'avons pu vérifier si ces diverses annotations sont autographes de Montaigne, parce que ce volume n'est pas en ce moment à Paris.

Afin de fournir le plus grand nombre possible de renseignements à ceux qui voudraient *étudier* Montaigne, complétons ce paragraphe par la liste des exemplaires des *Essais* annotés par leurs possesseurs, et dont nous avons connaissance :

1° Rappelons en tête de cette liste l'exemplaire de 1588, annoté par L'Oisel.

2° En 1730, il existait, dans la bibliothèque de feu M. de Spanheim, un exemplaire de 1635, portant un grand nombre de corrections et une annotation de la main de Gournay. Ce volume est décrit dans le *Recueil de lit-*

---

(1) Dans le siècle dernier, Anisson Duperron avait désiré se procurer cet exemplaire. Il en avait écrit à un de ses amis, à Bordeaux; mais les religieux répondirent qu'ils ne voulaient s'en défaire à aucun prix. (Note manuscrite et inédite de Mercier Saint-Léger.)

térature de philosophie et d'histoire, Amsterdam, 1730, (par Ch.-Et. Jordan de Berlin,) in-12.

3° L'exemplaire de la Bibliothèque royale, in-folio, 1635, qui provient de celle des Feuillants, porte un certain nombre de corrections faites par Marie de Gournay.

4° Lancelot, cité fréquemment par Jamet, avait ajouté à son exemplaire des notes, que ce dernier a relevées sur le sien ; elles sont tout à fait *confidentielles*.

5° Jamet possédait un exemplaire de 1725, couvert de ses propres annotations ; il les avait communiquées à Coste, et elles sont pour la plupart imprimées. Cet exemplaire, qui a appartenu à M. de la Tourette, se trouve aujourd'hui à la Bibliothèque du roi.

6° Coste avait fait relier en un seul volume les trois tomes d'un exemplaire de 1725 ; il y avait inscrit ses notes avant de les utiliser dans les éditions qu'il a données postérieurement. Cet exemplaire a appartenu à M. de la Folleville ; il se trouve aujourd'hui à la Bibliothèque du Roi.

7° Naigeon a, pendant plus de trente ans, déposé le fruit de ses études sur Montaigne sur un exemplaire de 1745, 7 volumes in-12. A sa mort, cet exemplaire a passé dans les mains de son frère aîné, qui y a aussi ajouté quelques notes, dont plusieurs réfutent les opinions du premier annotateur, et souvent d'une façon *très brutale*. Cet ouvrage a été acquis par Amaury-Duval, qui l'a *en partie* utilisé pour l'édition qu'il a donnée des *Essais*. — Je l'ai eu à ma disposition, et j'ai très exactement relevé les additions manuscrites dont il est couvert sur un exemplaire de la même date.

8° François de Neufchâteau avait fait interfolier de papier blanc in-8° un exemplaire de 1754, 10 vol. in-12 ; il a transporté sur ces feuilles toutes les variantes que présente l'exemplaire de Bordeaux, annoté par Montaigne, et il y a joint ses propres observations. Cet ouvrage a appartenu à Pihan de la Forest ; il est aujourd'hui dans ma bibliothèque.

9° M. Eug. Coquebert de Montbret a enrichi un exemplaire de 1739 de notes nombreuses, dans lesquelles on retrouve l'érudition profonde et variée de ce savant.

10° M. Gust. Brunet, de Bordeaux, a mentionné dans le *Journal de bibliographie analytique* un exemplaire sur lequel il inscrit toutes ses observations relatives aux *Essais*.

11° Enfin, depuis plus de vingt ans, nous recueillons sur un exemplaire de 1619, interfolié, toutes les notes, variantes, éclaircissements, etc., qu'il nous paraît utile d'ajouter aux *Essais*, s'il nous est jamais donné d'en publier une édition.

Nous avons transporté sur cet exemplaire les notes *inédites* de Lancelot, de Jamet et de Coste ; celles que nous ont fournies depuis long-temps MM. de Cayrol, de Mourcin, Audierne et Lapeyre, à Périgueux, Péricaud, Gust. Brunet, Francisq. Michel ; et toutes celles dont M. de Montbret a enrichi son propre exemplaire.

UN MOT SUR LES SPÉCIMENS AUTOGRAPHIQUES
QUI SUIVENT.

1º Pour faciliter la vérification des autographes de Montaigne, nous avons extrait, des pièces de ce genre déjà nombreuses que nous connaissons, des exemples des différentes manières dont le philosophe figurait ses lettres, et nous avons composé l'alphabet fac-simile ci-après.

Sur la page suivante, nous avons rassemblé divers modèles d'écriture de l'auteur des *Essais*, et voici les sources auxquelles nous avons puisé : la première signature est celle du *Philo Iudæus*, la deuxième celle du Munster, la troisième celle de la lettre qui appartient à M. Feuillet.

Le specimen qui vient ensuite est copié sur l'exemplaire de Bordeaux ; il est à la fois un modèle de l'écriture de Montaigne et un exemple de la stupidité du relieur, car on remarquera qu'il manque à chaque ligne un certain nombre de lettres que le couteau de l'artiste a enlevées, et cette mutilation se retrouve sur tout le reste du volume. Ainsi, à la première ligne il manque un *U*, à la deuxième *sses*, à la quatrième *er*, à la cinquième et à la sixième un *U*, à la septième *nous*, à la neuvième *tre*. La phrase entière qui a été écrite par Montaigne à la marge extérieure du verso du feuillet 496 de l'ex. de Bordeaux (1588) doit donc être restituée ainsi qu'il suit : « Si auons nous beau
» monter sur des eschasses, car sur des eschasses encore faut
» il marcher de nos iambes. Et au plus esleyé throne du monde
» si ne sommes nous assis que *sur* (**1**) nostre, etc. »

La citation latine qui vient ensuite a été inscrite par Montaigne lui-même sur le frontispice gravé de ce même exemplaire de Bordeaux ; elle est devenue l'épigraphe de son livre.

---

(1) Gournay, à 1595 et à 1635, écrit *sus*.

L'*Achevé de lire* est une partie de celui qui se trouve à l'*Histoire de Poloigne* par Herburt de Fulstin.

Enfin la phrase tronquée qui termine cette feuille (1) est celle qui a fourni à Naigeon le texte de l'inqualifiable note qu'il avait d'abord ajoutée aux pages **176** et **177** de son édition, note qu'il supprima dès qu'elle fut imprimée, et qu'il remplaça par une autre, conçue en termes plus modérés (2). Ce *fac-simile* répond au doute émis sur l'authenticité de la phrase en question par l'auteur de l'article consacré, dans les *Annales littéraires et morales* (1804, 5e cahier), à rendre compte de cette édition de Naigeon, et il prouve que Montaigne a bien réellement écrit cette pensée (3) qui n'est ni si follement barbare que l'a rendue la paraphrase de Naigeon, ni lâchement atroce comme le veulent bien dire les *Anciennes Annales catholiques* (4).

2° Nous avons rassemblé sur la quatrième page de ces études calligraphiques quelques lignes, exactement copiées sur une écriture que nous osons affirmer être celle de Marie de Gournay.

Comme on ne connaissait pas jusqu'ici d'autographes de cette savante fille, nous croyons devoir faire connaître les raisons qui ont commandé notre conviction.

Nous possédons l'original de la signature que nous avons figurée; elle est apposée à la fin de l'avis au lecteur dont Gournay est auteur dans l'édition qu'elle a donnée des *Essais* en **1625**, in-4°. Quel autre que celle qui avait écrit cet avertissement aurait eu l'idée de placer au bas sa signature?

Le vers: *Loin du jour soubz la nuict brunye*, est copié sur une troisième édition du *Proumenoir* de M. de Montaigne, 1599. Voici dans quelles circonstances. Dans les trois éditions de ce petit ouvrage, on trouve un hymne à l'ange saint Michel; mais,

---

(1) « Sinon que de bone heure son gouuernat l'estrangle si (il est) sans tesmoins ou qu'on le mette pattissier dans quelque.... »

(2) Voyez notre Notice bibliographique sur Montaigne, page 37.

(3) Au verso du folio 59 de l'exemplaire de Bordeaux.

(4) Je ferai remarquer que Montaigne a écrit son *gouvernat*, et non pas son *gouverneur*, comme dit l'édition de 1802 et celles qui l'ont suivie.

dans cette dernière édition, la deuxième strophe est différente de ce qu'elle est dans les deux précédentes, et l'imprimeur en a précisément omis le second vers. Or, de toutes les éditions du *Proumenoir* sous cette date que j'ai pu consulter, je n'en ai trouvé qu'une seule qui n'eût pas ce vers écrit à la main, et sur toutes il est manifestement de la même écriture. Quelle autre personne que l'auteur aurait pris ce soin? Comment expliquer l'identité des écritures sur tous les exemplaires? Enfin *où l'annotateur aurait-il pris ce vers*, puisqu'aux éditions suivantes des œuvres de Gournay cet hymne est supprimé, et que ce vers par conséquent n'a jamais été imprimé?

Un exemplaire des *Essais* de 1635, qui appartient aujourd'hui à la bibliothèque du roi, provient de celle des Feuillants de Paris, à laquelle il avait été donné par Gournay, et il porte un *ex dono* tel que nous l'avons figuré : n'est-il pas probable qu'il est de la main même de la donatrice?

Enfin presque tous les exemplaires que nous avons rencontrés ou que nous possédons des différentes éditions des diverses publications faites par Gournay portent des corrections ou modifications souvent considérables et manuscrites : ainsi les *Proumenoirs* des bibliothèques du Roi et de l'Arsenal et ceux de notre collection; la *Version* et l'*Ombre*, de la bibliothèque de M. Violet Leduc (1), ce dernier ouvrage dans la nôtre; les *Advis* (1634), que nous possédons, et qui proviennent encore de la bibliothèque des Feuillants de Paris; l'exemplaire précité des *Essais* de 1635, qui nous a fourni la quatrième ligne : tous portent des additions plus ou moins nombreuses; l'écriture est la même dans chacun d'eux, et elle est identiquement la même que celle que nous avons antérieurement décrite et figurée dans la signature, le vers omis et l'*ex dono*. Il ne semble donc pas possible de mettre en doute que ce soient là de véritables autographes de Marie de Gournay.

---

(1) Voyez page 465 du Catalogue des livres composant la bibliothèque de M. Violet-Leduc. Paris, 1843, in-8°.

3º Sur la première page nous avons figuré deux écritures non moins intéressantes : :

La première est celle du père d'Étienne de La Boëtie, que nous donnons à défaut de celle du fils, que nous n'avons pu découvrir jusqu'à ce jour. Celle-ci est apposée au bas d'une pièce dite *Examen à futur*, qui fait partie de la collection de M. de Mourcin, conseiller de préfecture à Périgueux. Anthoine La Boëtie y est qualifié : « Licencié ez droitz, seigneur de La Mothe lez
» Sarlat, et *lieuctenant* par autorité Royal en la seneschaucée
» de Perigort au siege de Sarlat et baillaige de Domme. » (Juillet 1539.)

Je suppose que le mot peu lisible qui suit la signature exprime, avec une abréviation, la qualité du signataire; je crois qu'il y a *Lieucten.*, et on remarquera que c'est ainsi qu'est orthographié le mot *lieuctenant*, avec un c à la première syllabe, dans l'acte dont il est question.

Le dernier *fac-simile*, dont il nous reste à parler, est ainsi conçu : *Ce liure appartien a la* (ou *aux*) *demoiselle de Montaigne*. Cette annotation se lit sur le plat intérieur d'un exemplaire de l'édition originale des *Essais* (1580), et le même porte au frontispice : *Antonio Taletio Millangius ipse, compater et amicus intimus* D. M. (1). Il paraît incontestable que ce volume a appartenu à la femme ou à la fille de l'auteur des *Essais*. On sait que les femmes de la condition de Mme. de Montaigne prenaient seulement le titre de *demoiselle* : il est donc difficile d'assigner à laquelle des deux cet exemplaire a appartenu (2), et, suivant toutes probabilités, cette possession est postérieure à celle d'Ant. Talet, et à l'*ex dono* de Millanges. Ce volume fait partie de la riche et curieuse collection de M. Aimé Martin.

(1) Millanges était l'imprimeur du livre.
(2) L'*inexpérience* de cette écriture porterait à croire qu'elle est de la jeunesse d'Éléonore de Montaigne. Nous aurions, dans ce cas, les Essais *calligraphiques* de la fille du philosophe auquel nous devons les Essais.

FIN.

Fac Simile

de

Michel Montaigne
Ant. de la Boëtie
Marie de Gournay

Documens inédits ou peu connus sur Montaigne.

Additions au texte imprimé

Pendant que je rassemblais les matériaux qui composent cet opuscule, je n'ai pû découvrir dans mes notes des renseignemens que j'étais certain de posséder et que j'ai reçus de la famille même de Montaigne. L'impression était terminée lorsque je les ai retrouvés ; je les ajoute ici en Supplément afin de compléter les articles auxquels ils se rapportent.

1º à la page 9, au sujet du séjour de Henri IV au château de Montaigne, ajoutez : en 1778, le Curé de la paroisse de St Michel Montaigne disoit qu'il avoit vu au Château, une trentaine d'années auparavant, un calendrier sur lequel Montaigne avoit noté que telle année et tel jour Henri IV lui avoit fait l'honneur de le visiter, ce qui lui avoit donné le plaisir de la chasse dans son bois du Cours, qui est au nord, vers le château de Guiron.

2º à la page 37 au 3e alinéa, ajoutez : à la mort de son Père, Éléonore de Montaigne fit présent des livres de l'auteur des Essais à un abbé de Roquefort grand vicaire d'Auch, sans qu'on en conservât un seul volume dans le chateau.

(Renseignemens fournis par M. le Comte de Kercado dont l'épouse née de Levis Mirepoix, descend à la 10e génération du grand père de Michel Montaigne.)

montaigne

montaigne

montaigne

Si nous auons beau
monter sur des escha
ces sur des eschasses
encore faut il marcher
des nos jambes. Et au
plus eslevé throne du
monde ne somes
assis que sur nos
cul.

viresque acquirit eundo

Acheué de lire
a montaigne 1521

sinon que de bone heure son gouuernat s'estrieng la si
sans tesmoins ou qu'on le mette patissier dans quelque

Fac Similé de l'écriture de Marie de Jars de Gournay.

Le six vingt sept (?) cent trente

Don de Mademoiselle de Gournay.

Gournay

Il y a perfection cailloux rouges

Amens

Fac similé de la signature du Père d'Etienne de
La Boétie, ami de Montaigne.

Fac Simile de l'écriture de Marie de Jars de Gournay

Soin du vieux soubz la nuict brumyeq

Don de Madamoiselle de Gournay.

Gournay

J g ij perfectuation cailloux divers

Prieurs

fac-simile de la signature du Père d'Étienne de
La Boëtie, ami de Montaigne.

Alphabet fac simile des autographes de Montaigne

Ayant rencontré, postérieurement à l'impression des fac simile qui précèdent, quelques annotations autographes de Gournay sur un exemplaire des ADVIS ou PRESENS in 4° 1634 et sur un exempl. de l'OMBRE in 8°. 1626, je les ajoute ici afin de multiplier les moyens de comparaison.

Janvier. 1847.

de rencontrer softuent
une oreille fauorable
ie pourray du moins
gaigner cela prys de toy

autres traictés

de moush — amys

par

* Durant la Ligue

Amyot

Afin de mettre le lecteur à même de juger entre Mr. Macé et moi si la lettre de la collection Dupuy est réellement autographe de Montaigne j'ai rassemblé ci-dessous un certain nombre de mots semblables qui se trouvent à la fois et dans la lettre découverte par M. Macé et dans des lettres qui sont bien incontestablement écrites par Montaigne.
En faisant cette comparaison le doute ne me semble pas possible.

Extrait

des lettres authentiques de Montaigne	de la lettre de la collection Dupuy
Montaigne	montaigne
pour	pour
beaucoup	beaucoup
temps	tempt
supplie	suplie
dieu	dieu
occasion	occasions
votre	vostre
vostre	vostre
grace	grace

Fac simile de la Signature d'Étienne De la Boëtie.

L'Impression de cet opuscule étoit complètement terminée, quelques exemplaires étoient déjà distribués, lorsqu'on nous a communiqué une quittance de l'année 1555 au bas de laquelle est apposée la signature d'Et. de la Boëtie, nous nous empressons de joindre cet intéressant fac simile à ceux qui précèdent et de combler ainsi une lacune que nous avions signalée avec regret.

20 février, 1847.

Le Sr de Montaigne 27 may 1585.

Monseigneur j'ai receu ce matin vostre lettre
que j'ai communiquee a Mons.r de Gourgues
et avons disné ensamble ches Mons.r de Bourdeaus
Quand a l'inconveniant du transport de
l'ariant contenu en vostre memoire nous
voiés cõbien c'est chose malaisee a pourvoir
fors y a que nous y avons fourni de plus
pres que nous pourrons Je fis toute
diligance pour trouver l'home de quoi vous
nous parlastes Il n'a point esté ici il m'a
mandé de Bourdeaus mõstrer une lettre par la
quelle il mande ne pouvoir venir trouver
le thresor de Bourdeaus come il delivreroit avant
este avverti que nous nous deffies de lui Sa
lettre est de avanthier Si je l'eusse trouvé
j'eusse a l'avanture suivi la voie plus douce
estant incertein de vostre resolution mais
il nous supplie pourtant ne faire nul doubte
que je refuse rien a quoi vous serés resolu
et que je n'ai ny choix ny distinction d'affaire
ny de persone ou il ira de vostre commandemant
Je souhete que vous aiés en juvre beaucoup
de volantés autant nostres qu'est la miene

22 may 1585

de considerer que telle sorte de mouuemant ont
acostume d'estre si impourueus que s'ils deuoint
auenir on me tiendera a la gorge sans me
dire gare. Je ferai ce que ie pourrai pour
sauoir nouuelles de toutes pars, & pour cet
effact uisiterai et uerrai le goust de toute sorte
d'homes. Jusques a cete heure rien ne bouge
Mr du bondel m'a ueu ce matin et auons
regarde a quelques aiancemans pour sa place
ou iirai demein matin. Depuis ce comancemant de
lettre iai apris aus charthieus qu'il est passe prs
de cete uille deus iantilshomes qui se difent a
mosieur de guife qui uienent d'Agen sans auoir
peu sçauoir quelle route ils ont tire. On a tant
a Agen que nous y ailles. le sr de manussin
uint iusques a canteloup & de la s'en retourna
aiant apris quelques nouuelles. Je cherche
un capiteine uous a qui m'asseurant s'est
pour se rehrer a lui auecq tout plein de promesses
La nouuelles les deus galeres de nantes presses
a descendre en Brouage est cest cine auecq deus
compaignies de ians de pied. Monsieur de mercure
est dans la uille de nantes le sr de la courbe a

On faict bruit que les galeres de nantes s'en virenent vers bronage. Mo[nsieur] le mar[eschal] de Biron n'est encores desflogé. Ceux qui avoint chargé d'avertir mons[ieur] d'Usa disent ne l'avoir peu hormis de croir qu'il ne soit plus icy s'il y a esté. Nous sommes après nos portes & gardes & y regardons un peu plus attantifuemant en nostre absance la quelle je crains non sulemant pour la consternation de cete ville mais aussi pour la consternation de nous mesmes conoissat que les enemis du service du roy santent asses combien vous y estes necesserr et combien tout se porteroit mal sans vous Je crains que les affaires vous suprandero[nt] de tant de costés au contrer ou vous estes que vous seres obglanys a provoir par tout & y ares beaucoup et longues difficultes s'il survient aucune nouvelle occasion et inportante je vous despecheray soudein home expres et denes ertimer que rien ne bouge si vous n'aves de mes nouvelles Vous suppliant aussi

dict a mr le president ne penssent que monsieur
d'elbeuf est andega d'angiers et a logé chez
son pere tirant vers le bas poictou avec
quatre mill hommes de pied et quatre ou cinq
cens chevaux doivent raisembler les forces de
monsr de Brissac et d'anstru et que monsieur
de mercure se doit ioindre a lui. Le bruit
court aussi que monsieur du meine vient
prandre ce qu'on leur a assemblé en auvergne
et que par le pais de forest il se rander
en rouergue et a nous c'est adire vers le
roy de nauarre costé le quel tout cela nient
monsieur de Lansac est a Bourg et a deux
nauires armés qui le suiuent sa charge
est pour la marine. Je vous dis ce que
iaprans Lr mesle les nouuelles des bruits
de ville que ie ne tiens qu'uraisamblables
auec des uerités affin que nous sachies
nous supliant tre humblemans nous en
reuenir incontinant que les affaires le per-
meteront et nous assurer que nous n'esparignez
cependant ny notre soin ny s'il est besoin
notre vie pour contenir toutes choses en
l'obeissance du roy

Moseigneur ie vous baise tres humblemant les.
et supplie dieu vous tenir en sa garde
Bourdeaux ce mecredi la nuit 22 de mai

Vostre tres huile
seruiteur M. B. [...]

Je n'ai veu persone du roy de nauarre
l'on dict que mr de Biron l'a veu

...le...
...
...
quatre mill
sans che n...
mourir de B...
de mercure
court aussi
prendre ce q...
et que par...
en rouerg...
voy de n...
monsieur de...
naures ar...
et pour...
j'apprans...
de ville...

me sidant ne prend que monsieur
nde a d'angres et a logé ches
ant vers le bas poitou aueq
homes de pied & quatre ou cinq
s aisnent recueilli les forces de
rissac & d'autres et que monsieur
se doit ioindre a luy. Le bruit
que monsieur du meine vient
non leur a assamblé en auuergne
le pais de forest il se randera
ue et a nous c'est a dire vers la
narre cotre le quel tout cela vient
Lansac et a Bourg il a deus
mes qui le suiuent sa charge
la marine. Je vous dis ce qui
me sle les nouuelles des bruits
ue ie ne treuue qu'uraissamblable

www.ingramcontent.com/pod-product-compliance
Lightning Source LLC
LaVergne TN
LVHW021718080426
835510LV00010B/1027